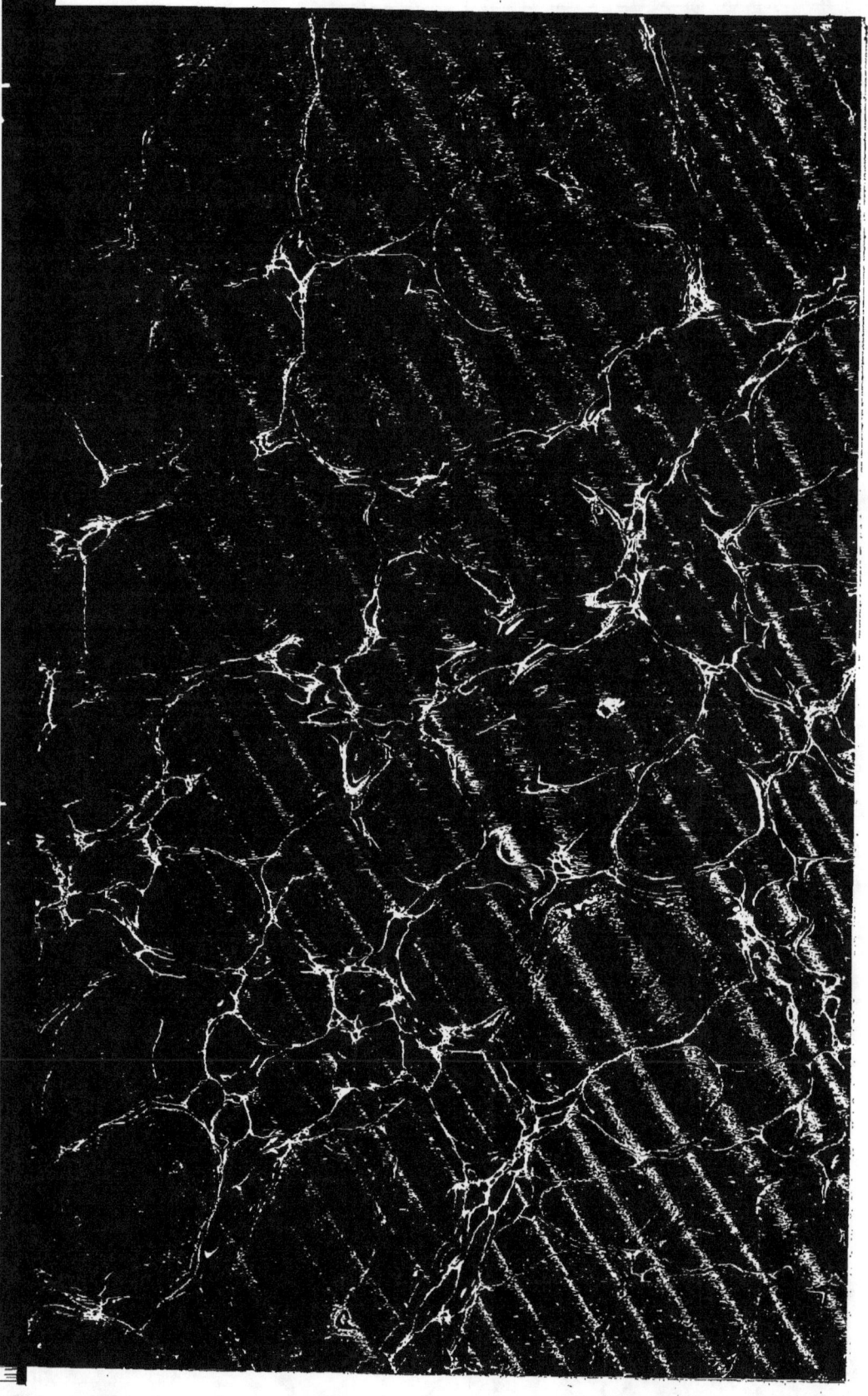

X

26749

LETTRES

A M. DE SAULCY.

LETTRES
A M. DE SAULCY,

MEMBRE DE L'INSTITUT ROYAL DE FRANCE,

SUR QUELQUES MONUMENTS

DE LA LANGUE PHÉNICIENNE.

PAR A. C. JUDAS,

MÉDECIN MILITAIRE, SECRÉTAIRE DU CONSEIL DE SANTÉ DES ARMÉES.

Ut, quod de meâ re huc veni, rite venerim !
PLAUTE, *Pœnul.*

PARIS,
TYPOGRAPHIE DE FIRMIN DIDOT FRÈRES,
RUE JACOB, 56.
—
1843.

LETTRES
A M. DE SAULCY,
MEMBRE DE L'INSTITUT ROYAL DE FRANCE,

SUR QUELQUES MONUMENTS

DE LA LANGUE PHÉNICIENNE.

Ire LETTRE.

Traduction de la partie punique de l'inscription bilingue de Thugga.

Monsieur,

Le judicieux travail sur l'inscription bilingue de Thugga que vous avez récemment publié, a reporté mes réflexions sur ce monument important, dont l'examen m'avait déjà suggéré quelques-unes des remarques que vous avez exposées beaucoup mieux que je ne l'aurais fait ; il m'a révélé d'autres particularités qui m'avaient complétement échappé, et ces aperçus nouveaux m'ont fait entrevoir l'espoir d'arriver à une traduction plausible de la partie punique. Vos encouragements m'ont soutenu, m'ont animé dans cette tentative ; la reconnaissance me fait un devoir de vous en soumettre les résultats, et je le ferai, si vous m'y autorisez, avec d'autant plus de confiance que je me trouve, sur quelques points, en dissidence avec vous. Je ne connais pas, dans cette circonstance, de meilleur arbitre que vous-même. Je vous prie donc de me permettre d'invoquer votre jugement, et de me référer à votre loyauté en même temps qu'à vos lumières.

Cette double et belle inscription se fait remarquer au premier coup d'œil, comme vous l'avez dit, par la symétrie qui règne entre la partie punique et la partie libyque. Cette symétrie est un précieux indice pour la traduction. En effet, la largeur exceptionnelle de l'intervalle qui sépare, sur l'une et l'autre épigraphe, la première ligne des lignes suivantes, annonce que ce verset renferme un sens fini. Ensuite, le sens paraît de nouveau s'arrêter à la quatrième ligne qui, de part et d'autre, laisse après elle un alinéa.

D'un autre côté, le retour fréquent du mot *ben* dans le texte punique, et le retour, à des intervalles correspondants, dans les lignes libyques, d'un signe qui paraît en être l'équivalent, dénotent diverses séries de noms propres dont on ne tarde pas à constater l'homophonie. En poursuivant l'analyse, on s'aperçoit que, sur les 2e, 6e et 7e lignes, une moitié de l'espace est occupée par des noms propres, l'autre par des mots appellatifs, et que les premiers seulement sont littéralement identiques sur l'une et l'autre page. Enfin, ces trois lignes, sur la partie punique, offrent encore cela de commun, qu'elles commencent chacune par un *hé* qu'on peut, *à priori*, présumer être l'article, et que sur chacune aussi le premier mot est terminé par un *mem*, ce qui, paraissant exprimer le pluriel, s'accorde avec cette autre observation que la filiation, dans chacun de ces cas, s'applique à deux ou à plusieurs individus, ainsi que porte à le croire l'absence du mot *ben* entre deux noms propres, savoir, d'une part, à la fin de la deuxième ligne et au commencement de la troisième ; de l'autre, au milieu de la sixième et au milieu de la dernière ligne.

Guidé par cet aperçu général, voici comment, en descendant dans les détails, et en s'aidant de la transcription que vous avez proposée, il me semble que l'on peut rendre la partie punique de l'inscription :

מצבת שאטבן בן יפמטת בן פלך

הבנם שאבנם עבארש בן עבדשתרת

ימר בן אטבן בן יפמטת בן פלך

מנגי בן כרסכן

בבאו בת שלא???? יי כטמן ? כרסכן

החרשם שיר מסדל בן ננפסן כאנכן בן אשי

הנתכם שברון שפט בן בלל כפפי בן בבי

Monumentum Athaban, filii Iphmathat, filii Phelec.

Ædificaverunt hos lapides Abbaros, filius Abdastoret, Omar, filius Athaban, filii Iphmathat, filii Phelec,

Mingi, filius Carascen

Postquàm intrâsset in domum quietam,..................

Inciderunt carmen Mesedil, filius Nenephusin, Anocanque, filius Isaï ;

Diffuderunt dolorem Saphat, filius Balel, Pepaïque, filius Bebaï.

Pour mesurer avec certitude le terrain que nous aurons parcouru, permettez-moi, Monsieur, avant d'entrer dans les commentaires justificatifs qui vont suivre, de remettre sous vos yeux l'interprétation de Gesenius, la seule, vous le savez, qui ait été publiée jusqu'à ce jour ; la voici :

Cippus Maolami, filii Iophisch'at, filii regis

Banasæ ex Banasâ Tobarami, filii Abd-Mocarthi

Principis, A-ebed, filii Jophisch'at, filii regis

Schlagi, filii Carsachal.

Quùm intrâsset in domum plenam... et esset luctus ob memoriam Sapientis

Principis, adamante fortioris, qui tulit omnis generis conculcationes ut viduus matris meæ.

Ecce positum est hoc sepulcrum à Phoâ, filio Balali cipipitæ, filii Babi.

Iʳᵉ LIGNE.

La restitution du mot מצבת au commencement de l'inscription a été, avec raison, proposée par Gesenius et par vous, Monsieur, sur l'indice des deux lettres subsistantes : בת.

Le mot suivant, cela ne peut être mis en doute, est le nom du défunt pour qui le tombeau a été construit. Mais ce nom se retrouve plus bas, à la troisième ligne, privé de la lettre qui est ici placée à sa tête. Cette lettre n'en fait donc point partie intégrante; elle est donc servile, c'est-à-dire destinée à exprimer le rapport grammatical qui lie ce nom au mot précédent, ce qui ne peut être que le génitif. Or l'analogie voudrait que ce fût un *lamed*, et peut-être ne serait-il pas trop hasardé de prétendre qu'il en était réellement ainsi; peut-être n'est-il pas impossible d'en reconnaître les vestiges sur les trois copies un peu altérées que nous possédons. Mais si l'on s'en tient rigoureusement à la figure reproduite, à de très-légères variantes près, sur chacune de ces copies, le caractère dont il s'agit doit être ou un *mem*, ainsi que Gesenius le pensait, ou un *schin*, ainsi que vous l'avez avancé avec tant de raison. Le *mem* préfixe n'aurait ici aucun à propos. Le *schin* remplirait-il mieux la fonction énoncée ci-dessus ? C'est une question qui ne laisse pas d'être encore embarrassante.

Gesenius a dit le premier, en d'autres occasions, que le *schin* préfixe, vicaire du pronom relatif, est quelquefois, en phénicien, le signe du génitif, comme le *daleth* l'est, au même titre, en chaldéen et en syriaque : mais il ne cite, à l'appui de cette assertion, aucune preuve authentique. L'exemple tiré de la médaille castrense (*sâm mechanat* suivant votre attribution), n'est peut-être pas péremptoire ; car l'objection opposée à l'opinion de Kopp, qui lisait un *mem* en tête de la légende dont il s'agit, objection basée sur ce que le bras

de cette lettre est plus court que celui des *mem* qui se trouvent dans le corps de la légende, ne me paraît pas assez solide pour prévaloir contre la force que donne à cette leçon l'analogie hébraïque, et surtout la concordance avec la formule bien constatée de plusieurs autres légendes numismatiques. Car je tiens toujours à ce fécond précepte de Gesenius : « In litterarum ignotarum potestate inda-
« gandâ, et, quod indè dependet, in novis obscu-
« risque monumentis legendis, nihil est, quo majore
« fructu utantur harum rerum scrutatores, quàm
« *verbis formulisque parallelis* in variis monumentis
« inter se comparandis. » La brièveté comparative de la branche verticale ne peut-elle pas dépendre accidentellement du peu d'étendue de l'exergue ?

La légende des médailles de Juba I, d'après la traduction que vous en avez donnée, en adoptant une partie de la version de Swinton, fournit un argument beaucoup plus puissant. Voici, en effet, si je ne me trompe, votre leçon :

A. יובעי רם מלכת   *Juba, summus regni.*
B. שיובעי רם מלכת   *Jubæ, summi regni.*

On ne peut, dans cet exemple, se refuser à reconnaître la similitude qui existe entre la première lettre de la légende B (*voyez* Gesenius, tab. 42), et celle qui entre dans la composition du mot שמע de plusieurs inscriptions numidiques, et qui y forme le *schin*. Gesenius lui avait aussi attribué cette valeur ; mais, dans son interprétation, il ne lui donnait pas la force grammaticale qu'il paraît aussi difficile de lui dénier, d'après votre version, que de réfuter cette version elle-même.

Il est donc possible que le *schin* joue en effet, dans la position dont il s'agit, le rôle de l'article génitif, quelque difficulté qu'on éprouve à justifier cette locution par des textes hébreux, et cet exemple serait une nouvelle preuve que le phénicien ne ressemblait pas à l'hébreu aussi exactement qu'on paraît encore le croire, malgré l'avertissement de l'illustre de Sacy. Peut-être cependant pourrait-on considérer cette forme comme une abréviation de la particule של, qui est quelquefois l'exposant du génitif, non-seulement chez les rabbins, comme le dit Gesenius, mais aussi dans la Bible, par exemple dans le verset du Cantique des cantiques (ch. 3, v. 7), où, au sujet du lit de Salomon, on trouve : מטתו שלשלמה, ce qui n'est autre chose qu'un *compendium* de ces mots : אשר לשלמה, (*le lit*) *qui à Salomon*.

Quoi qu'il en soit, la lettre préfixe sur laquelle a roulé cette discussion, indique évidemment, quelle qu'elle soit, le génitif, la destination du monument.

Le reste de la première ligne, composé de noms propres, n'offre rien de particulier, si ce n'est le dernier nom, que je forme en rétablissant, comme vous l'avez fait, le *phé* et le *lamed*, méconnus par Gesenius, et en considérant, ainsi que ce dernier, la lettre terminale comme un *caph*, tandis que vous la regardez comme un *vau* : c'est ici un des points sur lesquels je me trouve en dissidence avec vous, Monsieur. Je reviendrai sur les motifs de cette préférence, dont l'application se représentera plusieurs fois.

IIe LIGNE.

La seconde ligne commence la série des versets débutant par un participe pluriel, précédé de l'article et médiatement suivi de plusieurs noms propres qui en sont les sujets, versets que nous allons voir se succéder en quelque sorte processionnellement, pour faire connaître les personnes qui ont concouru aux obsèques du défunt, chacune selon la part qu'elle y a prise.

Il s'agit d'abord ici des fondateurs du monument, הבנם שאבנם, *œdificantes* pour *œdificaverunt quos lapides*. Je crois qu'on peut admettre la substitution du pronom relatif (ש pour אשר) au pronom démonstratif, avec d'autant moins de scrupule que celui-ci, de son côté, est quelquefois employé comme relatif.

IIIe LIGNE.

De même que j'ai déclaré considérer comme un *caph* la lettre que vous pensez être un *vau*, de même je regarde comme un *vau* la première lettre de cette ligne, que vous prenez, mais avec une réserve dubitative, pour un *caph*. J'aurai ultérieurement occasion de revenir aussi sur ce second point de dissidence.

Cette ligne, qui commence par un nom propre succédant, sans l'intermédiaire du mot *ben*, à un autre nom propre placé à la fin de la ligne précédente, présente l'indication et la généalogie du second fondateur du monument. On pourrait par conséquent penser que le *vau*, dont je viens de parler, est copulatif ; mais on voit à la ligne suivante apparaître le nom d'un troisième fondateur, qui n'est point précédé de la conjonction ; on doit donc reconnaître qu'il n'en existe pas non plus ici et que le *vau* fait partie constituante du nom. La distinction entre les trois personnages est suffisamment marquée par la coupe de l'inscription, une ligne étant affectée à chaque individu. Nous verrons plus bas, dans une circonstance différente, la copule se présenter avec une particularité très-remarquable.

IVe LIGNE.

La quatrième ligne porte, comme je l'ai dit ci-dessus, le nom et la filiation du troisième fondateur. Elle ne fournit matière à aucune observation saillante.

Ve LIGNE.

Gesenius avait déjà traduit le début de cette ligne de la manière suivante : כבאה בת מלא *quùm intrásset in domum plenam*.... Mais pour établir cette leçon, il a dû faire un *hé* de la quatrième lettre, ce qui donnerait deux formes pour le *hé*, puisque trois fois, savoir, au commencement des 2e, 6e et 7e lignes, cette dernière lettre revêt une figure différente. D'un autre côté, le signe dont il s'agit aurait eu lui-même deux valeurs, puisqu'il reparaît à la septième ligne, et que Gesenius en fait alors un *iod*, qui pour sa part est dessiné différemment en plusieurs autres endroits. On serait mal reçu à arguer d'une altération matérielle, car dans les trois points où il existe, ce caractère est identiquement figuré : on ne pourrait guère concevoir une aussi exacte ressemblance dans une forme altérée. Impossible donc d'admettre la transcription du savant professeur. J'ai déjà dit que je considère ce caractère comme un *vau*; je lis par conséquent כבאו בת שלא, *post introïtum ejus in domum quietam*........ ce qui se trouve en concordance avec ce passage de la Genèse : יעפה כבאי אל־עבדך אבי « *ainsi, à* « *mon arrivée auprès de votre serviteur mon père...* »

La terminaison de שלא en *aleph* est d'accord avec cette remarque de Gesenius, page 430 : « In « *aleph* et *he* litteris nil ferè memoratu dignum est, « quàm Phœnices subindè more Syrorum א ponere, « ubi Hebræi habent ה. »

L'absence de plusieurs lettres, à la suite de ce membre de phrase, en interrompt le sens et empêche, par conséquent, de compléter la traduction de la ligne, bien qu'il soit facile d'ailleurs de lire les noms qui la terminent.

VIᵉ LIGNE.

Voici reparaître les périodes cérémoniales, les participes précédés de l'article, circonstance remarquable en phénicien, où l'emploi de l'article est assez rare. Ce retour rhythmique a certainement un caractère distinctif.

La seconde lettre seule présente quelque difficulté; cependant on la retrouve avec la valeur évidente du *chet* dans la légende inscrite au revers de la médaille figurée à la lettre L de la planche 38 de Gesenius. C'est donc ici aussi un *chet* et dès lors nous lisons avec assurance : שיר החרשם, *incidentes*, pour *inciderunt carmen*, ont gravé l'épitaphe.

חרש, en effet, signifie *exaravit, incidit, insculpsit* : חטאת יהודה־־ חרושה על־לוח לבם, le péché de Juda... est gravé sur la table de leur cœur. (Jérém. XVII, 1.)

שיר, *cantus, carmen*, est pris pour *épitaphe*, comme le dernier mot l'est souvent en latin, où il avait même une acception plus étendue, puisqu'il s'appliquait à toute formule exprimée en termes concis et solennels. Dans le sens plus restreint de *chant*, le mot שיר offrirait encore un équivalent d'*épitaphe*, comme le mot latin *nenia*, *chant funèbre*, qui était pris aussi pour *épitaphe*, ainsi que le prouve ce passage de Sidoine (7, Epist. 17), si bien approprié au cas dont nous parlons : *Nenia mar-*

mori incisa. On disait de même en grec : Ἐπιτάφιος ᾠδή.

VIIe LIGNE.

Il faut une analyse détaillée pour faire comprendre l'énergie tout hébraïque de cette expression הנסכם שברון, si faiblement rendue par les mots : *diffundentes* ou *diffuderunt dolorem*, ont *épanché leur douleur*. Nous retrouverons cette énergie dispersée dans plusieurs locutions latines qui ont avec celle-ci une frappante analogie.

נסך. Ce mot veut dire : *répandre un liquide*. C'est donc par une figure hardie qu'on l'applique à la douleur; mais nous avons l'explication de cette métaphore dans cette phrase fournie par Ovide :

>.......... flendoque dolorem
> diffudit...

C'est en répandant des larmes qu'on épanche sa douleur : « *Expletur lacrymis, egeriturque dolor,* » dit le même poëte dans ses *Tristes*. L'expression est donc aussi juste qu'heureuse; elle rappelle ce passage du *Sepher Tahkemoni* (Nouv. Journ. asiat., oct. 1833) : « *Les torrents de ma douleur ont coulé avec abon-* « *dance.* » Mais elle paraîtra bien plus forte encore si l'on réfléchit au sens propre de שברון, qui vient de שבר, *fregit*, selon cette locution du Psalmiste :

נשברי־לב, *fracti corde*. C'est ainsi que Cicéron disait : *Calamitate* FRACTUS et *afflictus*. C'est ainsi surtout que Virgile s'écriait, en décrivant les funérailles des Troyens et des Latins après une lutte meurtrière :

> Jam verò in tectis, prædivitis urbe Latini,
> Præcipuus *fragor* et longi pars maxima luctûs.

Enfin, en nous rappelant que c'est par allusion aux larmes qu'on a choisi נסך, nous aurons l'explication complète du sens de ce mot, qui veut dire non-seulement *diffundere*, *épancher*, mais encore *libare, répandre à titre de sacrifice, offrir avec piété*, comme il convient de le faire sur la pierre sacrée des tombeaux, image que nous retrouvons aussi dans la langue latine, et particulièrement encore dans Ovide : *Lacrymas libare defuncto*.

En reconnaissant, comme nous venons de le faire, dans plusieurs sons latins, les échos divisés et affaiblis de la voix sémitique, ne vous sentez-vous pas, Monsieur, porté à répéter, après le célèbre rabbin que j'ai cité un peu plus haut : « Si « l'on demandait à chacune des figures et des méta- « phores dont les étrangers ornent leurs écrits : « *Qui vous a introduite dans le langage des bar- « bares?* Elle répondrait : *J'ai été enlevée par sur- « prise de la terre des Hébreux.* »

Mais, quelque attrayantes qu'elles soient, je dois abandonner ces réflexions qui m'éloigneraient de mon but, et je vais entrer dans un sujet qui contraste par son aridité à tel point que je sens la nécessité de réclamer toute votre patience; pour la stimuler, je vous préviens qu'il s'agit encore ici d'une différence d'opinion avec vous.

Vous avez dit, sur la parole à la vérité imposante de M. Et. Quatremère, que les noms propres inscrits sur la pierre de Thugga sont d'origine barbare, et qu'ils diffèrent des noms phéniciens ou hébreux en ce qu'ils ne sont point significatifs. Je suis fortement disposé à croire que l'autorité de votre savant confrère vous a induit en erreur. Vous en déciderez vous-même, si vous voulez bien passer en revue avec moi ces noms propres, dont le nombre, pour les sept lignes, ne s'élève pas à moins de seize, savoir :

1° ATHABAN. — 1re L. — Nom de celui qui repose dans le monument. Il est reproduit, comme vous l'avez fait remarquer, à la troisième ligne, ainsi que les deux suivants. Il peut signifier, dans sa composition, ou *lenitudo filii*, ou *lenitudo ædificantis* (scil. *familiam*). Sa force réside dans la racine אט, *léger murmure de l'eau qui coule;* puis, par induction, *lenteur de l'écoulement;* enfin, par extension, *douceur, lenteur en général.*

2° IPHMATHAT. — *Pulchritudo ramorum* (i. e. *sobolis*). — Rien de remarquable, si ce n'est cette association d'idées qu'entraîne la présence de la racine מטה, *appui, bâton, branche,* et que nous imitons lorsqu'un père dit familièrement de son fils :

Mon bâton de vieillesse. בן peut aussi signifier *fils* ou *rameau*.

3° Phelec. — Il suffit de faire remarquer que ce nom correspond au mot latin *Scipio*, pour prouver qu'il a pu appartenir à une personne.

4° Abbaros. — 2ᵉ L. — Ce nom me paraît, comme à vous, pouvoir être rapproché de celui qui est donné par Fl. Josèphe à un pontife de Tyr. Cependant l'orthographe n'est pas semblable à celle qui est proposée pour le dernier cas par Gesenius, savoir : חבר, que l'on trouve dans plusieurs passages de la Bible, et auquel l'auteur aurait ajouté la terminaison grecque. Mais tel qu'il est écrit dans l'épigraphe, *Abbaros* peut être composé de עבא pour עבה, comme ברא pour ברה, dans בראיה (Ezech., 21, 24), et de דש pour ראש, ainsi que le dit Gesenius (Index I, p. 475) ; il signifierait alors : *crassities capitis*.

5° Abdastoret. — Tout le monde, je pense, se rapportera sur ce point à l'avis que vous avez émis.

6° Omar. — 3ᵉ L. — Me paraît être, par aphérèse, l'équivalent de אומר, qu'on lit dans la Genèse, ch. 36, v. 11, *et passim*. En rapportant ce dérivé à אמר, *parler*, l'aphérèse n'a rien d'extraordinaire, puisque ce verbe lui-même la subit, par exemple, dans le Ps. 139, v. 20, et dans Esdras, 5, 11.

7° Mingi. — 4ᵉ L. — Composé de la préposition מן et de גי, *vallée*, pourrait être en français littéralement rendu par notre nom *Duval*.

8° Carascen. — Formé de כרם, *solium*, et de כן, *rectè dispositum*.

9° Mesedil. — 6ᵉ L. — J'avoue qu'ici je n'ai pu trouver aucune signification.

10° Nenephusin. — Ce nom est peut-être un des plus curieux de cette longue légende. On trouve, comme noms d'homme, d'une part, dans Esdras, ch. 2, v. 50, נפוסים, *Nephusim*, et d'autre part, dans Néhémie, ch. 7, v. 52, נפישסים, *Nephische-sim*. Or, J. Simon, dans son *Onomasticum*, traduit le premier de ces noms par *dilatationes*, *amplificationes*; et il prétend que le second est composé de נפיש נפוסים, ce qui signifierait *dilatatio dilatationum, i. e. dilatatio amplissima*; le premier de ces mots venant du chaldéen נפש, *crevit, auctus est*, Arab., *dilatatus fuit*, et le second de נפס, chaldéen aussi, et voulant dire *expandit, extendit*, Arab., *ampliavit*. Notre inscription ne présente-t-elle pas, sous une autre forme, dans le nom dont il s'agit, une combinaison des mêmes éléments?

11° Anocan. — Me paraît être le pronom personnel avec addition d'un *nun* augmentatif, cette lettre étant une des serviles que les Hébreux ajoutaient fréquemment, dans ce but, à la fin de leurs noms propres.

12° Isai. — Variante de אישי qu'on trouve dans les Paralipomènes.

13° Saphat. — 7ᵉ L. — Ce nom, dont il est inutile d'expliquer la signification, se rencontre littéralement identique dans plusieurs endroits de la Bible, et particulièrement dans Esdras.

14° BALEL. — A, quant à la forme, de l'analogie avec פלל, qu'on trouve aussi dans Esdras; mais il en diffère pour le sens : *Phalel* correspond à *cogitans*, *Balel* à *confundens*.

15° PEPAÏ. — Peut être aussi rapproché, pour la forme, du nom suivant.

16° BEBAÏ, qui se lit plusieurs fois dans Esdras; mais ici encore l'analogie n'est qu'apparente. J. Simon regarde le dernier comme une contraction des mots באבה הי, *cum desiderio Domini* : *Pepai* n'aurait aucun rapport avec ce mode de composition, puisque la première lettre ne peut être une préfixe. Ce nom ne ferait-il point allusion à une difformité, et ne résulterait-il pas de la combinaison des mots פה et פי, ce qui devrait s'entendre ainsi : *Fissura oris*, *Bec-de-lièvre*? Cette opinion me paraît assez plausible; les vices du corps ou de l'âme ont été plusieurs fois, chez les Hébreux, de même que chez tous les peuples, l'origine des noms propres, comme le fait remarquer J. Simon, qui cite pour exemple les noms גרב, *Leprosus*, כסח, *Claudus*, etc.

Ainsi, vous le reconnaîtrez sans peine, je n'en doute pas, une réparation est due à la mémoire de nos pieux Libo-Phéniciens; leurs noms n'étaient pas un vain son, dénué de toute signification et trahissant une origine barbare. Puissent leurs mânes être apaisés par cet aveu et par l'expiation que vous avez subie en lisant ce long article! *Ignoscenda quidem, scirent si ignoscere manes!*

Mais s'il m'a été facile de vous amener, je l'espère du moins, à mon opinion sur ce chef, il n'en sera pas ainsi sur les deux autres points, savoir au sujet des signes que vous regardez l'un comme un *vau*, l'autre comme un *caph*, et pour lesquels je renverse la proposition, ce qui me porte à attribuer au *caph*, dans deux cas, une valeur copulative. C'est cependant sur ces opinions que repose tout l'édifice que je viens de construire; aussi en ai-je réservé la discussion jusqu'à ce moment, afin de donner plus de force à mes arguments en les réunissant, en les serrant en un seul faisceau.

On ne peut, ce me semble, à la première impression, s'empêcher de reconnaître combien l'exégèse que je viens de proposer paraît simple et naturelle. Mais, quelque favorable que soit la présomption que cette considération fait naître, elle ne constitue pas, je l'avoue, une démonstration scientifique.

La difficulté sérieuse gît dans la valeur copulative que j'assigne au *caph*. Au milieu de chacune des deux dernières lignes, deux noms propres se suivent, séparés seulement par l'un des caractères en litige, par celui que vous regardez comme un *vau*, et que je considère comme un *caph*. Il est assurément impossible de ne pas y voir le signe conjonctif, et certes cela donne, au premier aperçu, une grande probabilité à votre opinion. Mais, en adoptant cette leçon, il faudrait ou renoncer au seul sens raisonnable qu'il me semble possible de donner aux autres passages où ce caractère figure, ou lui accorder, sous une forme identique, deux valeurs très-distinctes, ce qui n'est pas admissible. Je n'accepte donc qu'une partie de la proposition, savoir la signification copulative de la lettre dans l'un et dans l'autre cas; quant à sa puissance phonétique, je crois qu'on peut maintenir que c'est un *caph*, lequel joue ici le rôle de la conjonction. Cette valeur alphabétique lui a aussi été attribuée par Gesenius, et l'ouvrage du savant orientaliste fournit plusieurs preuves de la justesse de cette détermination. Quant à la signification grammaticale que je lui suppose, l'induction seule, à défaut d'exemple dans les textes bibliques, ne pourrait-elle pas l'autoriser?

Le mouvement qu'exprime entre les noms ou les actions la particule représentée par cette lettre, n'est-il pas, comme le dit Fabre d'Olivet, celui de la similitude, de la concomitance? Ne le rend on pas en français par : *comme, de même que, ainsi que,* etc.? Dès lors, ne peut-on pas dire : *Mesedil, ainsi qu'Anocan, Saphat en même temps que Pépaï, ont fait telle chose;* en latin : *Perindè ac, simul atque,* etc.? Cette forme n'a-t-elle pas son analogue en arabe? N'est-elle pas la source du *kai* des Grecs, de l'*ac* et du *que* des Latins?

Mais nous n'en sommes pas réduits à ces inductions plus ou moins pressantes : la Bible même

2.

nous fournit un texte confirmatif dans le verset 7 du psaume 87, où l'on lit : ושרים כחללים כל־מעיני בך, *et cantores* UT *tibicines*, ou *et cantores* SIMUL AC *tibicines, omnes fontes mei in te.*

Il résulte de la comparaison du texte punique avec la contre-partie libyque, qu'au caractère dont il s'agit dans le premier, correspond toujours dans l'autre un signe qui lui est évidemment homophone; aussi lui donnez-vous le son *ou*, et vous en avez fait, je m'empresse d'en convenir, une ingénieuse application au dernier nom de la seconde ligne. Ce nom est, dans la partie punique, *abdastaret*, עבדשתרת pour עבדעשתרת : dans le texte libyque, la partie de ce nom qui rend עבד n'est composée que de deux lettres, savoir celle dont nous discutons la valeur, et un D; la seconde partie comprend trois lettres que vous avez très-bien prouvé être STR, ce qui, dans votre thèse, ferait *oudostor*. Vous en concluez d'abord que le nom libyque est la contraction du nom punique. Ceci, permettez-moi de le dire en passant, implique une légère contradiction avec l'opinion que vous avez précédemment émise, ou du moins acceptée, savoir, que les noms propres, sur cette pierre, sont d'origine numidique. Vous faites en second lieu remarquer que ce nom concorde avec un passage de Gesenius, sur lequel vous vous appuyez fort à propos : « Βοδόστωρ Οὐδόστωρ, « Dux pœnus (Diod. exc. Vales. II, p. 566, mai, « nov. Collect. II, 53) est בדעשתרת, *servus As-*

« *tartes* (Carthag. 2), abjecto ה sæpius etiam hoc
« nomen apud Pœnos contrahitur in *Bostor, Bos-*
« *tar*. » Mais, d'après cette citation, *Bodostor* et *Oudostor* seraient deux noms, ou du moins deux formes d'un nom appliquées au même personnage. Est-il probable que cette double appellation ait en effet existé simultanément parmi les Carthaginois? Je crois qu'on peut en douter. L'une d'elles doit être l'expression d'une prononciation étrangère, et ce doit être *Oudostor*, comme s'éloignant davantage du type, et en même temps parce que la permutation du B en *ou* est grecque; c'est ainsi, par exemple, que Ptolémée disait *Ouarouaria* pour *Barbaria*. De ce qu'on lit dans les auteurs grecs *Carchédon*, vous n'en tirerez certainement pas la conséquence que cette forme a pu aussi être employée par les Phéniciens pour désigner Carthage.

Je crois donc devoir ici rester attaché à l'opinion de Gesenius exprimée comme il suit, page 193 :
« Videntur Libyes nomen proprium ita extulisse ut,
« pro punico עבד, *libycum* vocabulum ponerent
« *servum* significans. » Ce mot aurait pour radicales les lettres CD, et il est assurément très-digne de remarque que ces radicales sont les mêmes que celles d'un mot éthiopien qui veut dire aussi *servus*, lu, à la vérité, de gauche à droite, c'est-à-dire sous cette forme DC, tandis que les Libyens l'auraient lu de droite à gauche. On trouve dans d'autres langues des exemples avérés d'un pareil renversement. L'avenir seul pourra résoudre la

question, si l'on parvient à découvrir des documents suffisants sur la langue libyque, à laquelle ont probablement appartenu les caractères dont il s'agit.

C'est aussi à des investigations ultérieures qu'il faut en appeler pour décider péremptoirement si la filiation était exprimée par le son *ou*, ainsi que vous l'affirmez, ou par la lettre C, radicale ou sigle, ainsi que je le pense avec Gesenius; enfin si les lettres libyques qui correspondent aux mots appellatifs forment elles-mêmes des mots équivalents à ceux que j'ai proposés. Mais dès à présent je ne puis résister au désir de signaler l'analogie qui existe entre le verbe hébreu *ben* et le verbe égyptien *ca*, qui signifient l'un et l'autre *poser, établir, constituer, fonder*. Est-il donc étonnant de voir celui-ci fournir aussi, comme le premier, un substantif exprimant la filiation? N'est-ce point là la source du sigle dont il s'agit? Je m'estimerai très-honoré si vous pensez, Monsieur, que les opinions émises dans cette lettre ont assez de poids pour devenir, dans ce sens, et à la suite des vôtres, le point de départ et l'objet de nouvelles recherches.

Veuillez, Monsieur, agréer l'expression de mon sincère et vif attachement.

A. JUDAS.

Paris, 15 janvier 1843.

IIᵉ LETTRE.

Sur le cinquième acte (scènes 1, 2, 3) du *Pœnulus* de Plaute.

MONSIEUR,

La bienveillance avec laquelle vous avez accueilli la lettre sur l'inscription bilingue de Thugga que j'ai eu récemment l'honneur de vous adresser, m'enhardit à vous soumettre encore celle-ci, dans laquelle je me propose de faire connaître, pour appeler sur eux votre examen et votre jugement, les résultats de mes études sur les trois premières scènes du cinquième acte du *Pœnulus*, cette célèbre comédie de Plaute, qui a tant exercé la sagacité des commentateurs depuis Jos. Scaliger jusqu'à Gesenius.

Bien que vous en connaissiez parfaitement le sujet et tous les détails, je vous demanderai la permission d'en reproduire le sommaire, pour éviter les explications que nécessiterait, sans cette précaution, chacune des situations dont j'aurai à m'occuper. Mais pour vous épargner l'ennui que pourrait vous faire craindre cette exposition, je l'emprunterai à Plaute lui-même, dont la lecture a toujours un nouveau charme; voici comment le poëte s'exprime dans son prologue :

>Carthaginenses fratres patrueles duo
>Fuêre, summo genere et summis divitiis :
>Eorum alter vivit, alter est emortuus.
>Proptereà apud vos dico confidentius,
>Quià mihi pollinctor dixit, qui eum pollinxerat.
>Sed illi seni qui mortuus est, filius,
>Unicus qui fuerat, abditivus à patre,
>Puer septuennis surripitur Carthagine,
>Sexennio priùs quidem quàm moritur pater.
>Quoniam periisse sibi videt gnatum unicum,
>Conjicitur ipse in morbum ex ægritudine.
>Facit illum hæredem fratrem patruelem suum.
>Ipse abiit ad Acheruntem sine viatico.
>Ille qui surripuit puerum, Calydonem avehit :
>Vendit eum domino hìc diviti cuidam seni,
>Cupienti liberorum, osori mulierum.
>Emit hospitalem is filium imprudens senex
>Puerum illum, eumque adoptat sibi pro filio :
>Eumque hæredem fecit, cùm ipse obiit diem.
>Is illìc adolescens habitat in illisce ædibus.
>Revortor rursùs denuò Carthaginem :
>(Si quid mandare voltis aut curarier,
>Argentum nisi qui dederit, nugas egerit;
>Verùm qui dederit, magis majores egerit.)
>Sed illi patruo hujus, qui vivit senex,
>Carthaginensi duæ fuére filiæ :
>Altera quinquennis, altera quadrimula.
>Cum nutrice unà perière. A Magaribus
>Eas qui surripuit in Anactorium devehit,
>Venditque has omnes, et nutricem, et virgines,
>Præsenti argento, homini, si leno est homo,
>Quantùm hominum terra sustinet sacerrimo.

Vosmet nunc facite conjecturam cæterùm,
Quid id sit hominis cui Lyco nomen siet.
Is ex Anactorio, ubi prius habitaverat,
Hàc commigravit in Calydonem haud diù,
Sui quæsti causâ. Is in illis habitat ædibus.
Earum hic adolescens alteram efflictìm perit,
Suam sibi cognatam, imprudens, neque scit quæ ea
Sit, neque eam unquàm tetigit : ita eum leno macerat.
Neque quicquam cum eâ fecit etiamnùm stupri,
Neque duxit unquàm, neque ille voluit mittere;
Quià amare cernit, tangere hominem volt bolo.
Illam minorem in concubinatum sibi
Volt emere miles quidam qui illam deperit.
Sed pater illarum pœnus, postquàm eas perdidit,
Marique, terràque, usquè quaquè quæritat.
Ubi quamque in urbem est ingressus, illicò
Omnes meretrices, ubi quisque habitant, invenit :
Dat aurum, ducit noctem : rogitat post ibi
Undè sit, quojatis, captane an surrepta sit,
Quo genere gnata, qui parentes fuerint.
Ità doctè atque astu filias quærit suas.
Et is omnes linguas scit : sed dissimulat sciens
Se scire; Pœnus planè est, quid verbis opu'st?
Is heri huc in portum navi venit vesperè,
Pater harum idem huic patruus adolescentulo est.
Ille qui adoptavit hunc pro filio sibi,
Is illi Pœno hujusce patri hospes fuit.
Is hodiè hùc veniet, reperietque hic filias :
Et hunc sui fratris filium, ut quidem didici ego.

C'est à l'arrivée de ce Carthaginois, nommé Hannon, que commence la partie de la pièce qui fait l'objet de cette lettre; elle comprend, comme je l'ai déjà dit, les trois premières scènes du dernier acte.

La première consiste en un monologue dans lequel Hannon, suivi de ses esclaves, invoque les dieux protecteurs de la terre sur laquelle il vient d'arriver, et les prie de lui être propices dans sa pieuse entreprise.

La seconde scène est amenée par la rencontre d'Agorastocle, qui sort d'une des maisons voisines, accompagné de Milphion, son serviteur et son confident. A la vue des étrangers, et après les avoir reconnus pour des Carthaginois, Milphion, qui prétend ne le céder à personne en science punique, engage avec Hannon un dialogue qui n'est qu'une suite de propos interrompus provenant de la fausse interprétation qu'il donne aux paroles du Carthaginois ; celui-ci, indigné du travestissement de ses réponses (car il connaît toutes les langues), éclate en reproches exprimés en latin. Agorastocle alors prend directement part au dialogue, et les explications qui s'échangent font bientôt reconnaître en lui le neveu d'Hannon, le fils adoptif de son ancien hôte. Hannon apprend en même temps que ses filles se trouvent dans la même ville, et qu'Agorastocle est éperdument épris de l'aînée.

La troisième scène complète cet événement par l'entrevue d'Hannon avec la nourrice de ses filles qui le reconnaît avec transport, puis, par la rencontre de ses filles elles-mêmes, auxquelles il ne se découvre qu'après s'être d'abord contenu et avoir dissimulé sa qualité.

SCÈNE I.

L'invocation d'Hannon, qui remplit la première scène, débute par seize vers en langue étrangère, et se termine par onze vers latins. On a pensé naturellement que les seize premiers vers sont écrits en punique. Cette opinion s'est soutenue sans conteste depuis Jos. Scaliger jusqu'à Sam. Petit inclusivement, c'est-à-dire, jusqu'à ce que S. Bochart, sur un indice qui lui avait été donné par son ami Sarrau, fit remarquer que les dix premiers seuls comprennent le contexte reproduit dans les vers latins. Cette assertion, suggérée d'abord par la répétition de quelques formules, et surtout par la position corrélative des noms propres, fut bientôt démontrée par la traduction de ces dix vers, qui se trouva en grande partie concorder avec celle de Plaute lui-même. Les six autres, où l'on reconnaît la même symétrie matérielle, parurent aussi à Bochart, pour le même motif, une nouvelle reproduction du même contexte, mais dans une troisième langue. Les dix premiers vers furent donc considérés comme puniques par ce savant critique, et il avança que les six qui suivent sont libyques : il renonça en conséquence à en rechercher l'explication dans l'hébreu.

Gesenius a adopté sur ces divers points l'opinion de Bochart; mais, par une inexplicable contradiction, il s'efforce de ramener son prétendu texte libyque aux racines et aux formes phéniciennes, et après avoir blâmé S. Petit d'y avoir appliqué l'analogie hébraïque, il se livre péniblement à la même tentative. C'est qu'en effet il est impossible de ne pas reconnaître une ressemblance frappante entre plusieurs de ces mots et une partie de ceux du texte punique proprement dit; ressemblance que la raison se refuse à considérer comme un rapprochement fortuit et simplement apparent entre deux langues différentes. D'un autre côté, la même observation se présente au sujet de la similitude de plusieurs autres mots avec des mots latins; ce second rapprochement ne paraît pas non plus pouvoir être purement accidentel. Je pense donc que ce passage est une parodie du précédent, un mélange incohérent de termes puniques et de vocables latins, du phénicien enfin à la manière du latin et du turc de Molière; il n'y a pas lieu de s'y arrêter sérieusement; les dix premiers vers méritent seuls de nous occuper.

Un grand nombre de philologues se sont appliqués à l'herméneutique de ce morceau célèbre; l'hébreu, le syriaque, le maltais, l'irlandais, le basque ont à cet effet été mis tour à tour à contribution. Justice a été faite des prétentions des deux derniers idiomes. Les efforts d'Agius pour revendiquer le texte en faveur du maltais, quoique moins déraisonnables, n'ont pas été plus heureux. L'opinion de Jos. Scaliger au sujet de l'hébreu, a seule prévalu; mais elle a enfanté aussi plusieurs essais infructueux : je ne vous fatiguerai pas, Monsieur, de leur inutile récapitulation. Deux auteurs seulement ont approché du but, et vous les avez sans doute déjà nommés; ce sont S. Bochart et Gesenius. Mais ces deux grands maîtres ont encore laissé à glaner : m'aura-t-il été donné de recueillir les gerbes échappées à leur riche moisson? Vous en déciderez, Monsieur, si vous voulez bien continuer d'avoir la bonté de me lire.

Le texte punique a dû, on le conçoit, éprouver plusieurs altérations en passant successivement par les mains des copistes qui en ignoraient la signification : aussi un grand nombre de variantes se sont-elles introduites dans les différentes éditions. Il faut donc restituer en partie le texte lui-même, et, à cet effet, chercher dans les variantes et retenir les sons qui se prêtent le mieux à une interprétation concordante avec la version fournie par Plaute, laquelle doit incontestablement servir de criterium. C'est la règle que se sont imposée les deux habiles commentateurs cités en dernier lieu. Mais il est aussi un autre secours qu'ils ont peut-être trop négligé, et qui m'a fourni plusieurs traits de lumière : c'est le rapprochement de quelques locutions avec des expressions qui se représentent, en quelque sorte comme leur écho, dans les scènes suivantes.

Maintenant, je vais enfin entrer en matière. Je transcrirai d'abord la partie latine, puis les restitutions du texte punique proposées par Bochart et par Gesenius ; j'analyserai ensuite comparativement, et vers par vers, l'une et l'autre de ces restitutions, en proposant les modifications dont elles m'ont paru susceptibles.

TEXTE LATIN.

Deos deasque veneror qui hanc urbem colunt,
Ut, quòd de meâ re hùc veni, ritè venerim,
Measque ut gnatas et mei fratris filium
Reperire me siritis : di vostram fidem !
Quæ mihi surreptæ sunt, et fratis filium.
Sed hìc mihi antehac hospes Antidamas fuit.
Eum fecisse aïunt sibi quod faciundum fuit.
Ejus filium hìc prædicant esse Agorastoclem :
Deum hospitalem ac tesseram mecum fero :
In hisce habitare monstratu'st regionibus.
Hosce percontabor qui hùc egrediuntur foràs.

TEXTE PUNIQUE.

Leçon de Bochart.

1. N'yth alonim valonuth sicorath jismacon sith
2. Chy-mlachai jythmu mitslia mittebariim ischi
3. Liphorcaneth yth beni ith jad adi ubinuthai
4. Birua rob syllohom alonim ubymisyrtohom
5. Bytblym moth ynoth othi helech Antidamarchon
6. Is sideli : brim tyfel yth chili schontem liphul
7. Uth bin imys dibur thim nocuth nu' Agorastocles
8. Ithem aneti hy chyr saely choc, sith naso
9. Binni id chi lu hilli gubylim lasibit thym
10. Body aly thera ynn' ynnu yss' immoncor lu sim.

1. נא את עליונים ועליונות שכורת יסמכון זאת

2. כי מלכי נתמו : מצליח מדבריהם עסקי :
3. לפורקנת את בני את יד עדי ובנותי :
4. ברוח רב שלהם עליונים ובמשורתהם :
5. בטרם מות חנות אותי הלך אנתידמרכון :
6. איש שידעלי : ברם טפל את חילי שכינתם לאפל :
7. את בן אמיץ דבור תם נקוט נוה אגורסטוקליס
8. חותם חנותי הוא כיור שאלי חוק זאת נושא :
9. ביני עד כי לו האלה גבוליל לשבת תם :
10. בוא די עלי תרע אנא ; הנו אשאל אם מנכר לו שם :

1. Rogo deos et deas, qui hanc urbem tuentur,
2. Ut consilia mea compleantur : prosperum sit ex ductu eorum negotium meum.
3. Ad liberationem filii mei à manu prædonis et filiarum mearum.
4. Dii (inquam id præstant) per spiritum multum qui est in ipsis et per providentiam suam.
5. Ante obitum diversari apud me solebat Antidamarchus,
6. Vir mihi familiaris : sed is eorum cœtibus junctus est quorum habitatio est in caligine.
7. Filium ejus constans fama est ibi fixisse sedem, Agorastoclem.
8. Sigillum hospitii mei est tabula sculpta, cujus sculptura est deus meus : id fero.
9. Indicavit mihi testis eum habitare in his finibus.
10. Venit aliquis per portam hanc : ecce eum; rogabo numquid noverit nomen.

Leçon de Gesenius.

1. Ythm alonim valonuth   siccarthi simacom syth
2. Chym lacchu yth tummy   'sthyal mytthibariim ischi

3. Liphocaneth yth byn achi iadidi ubynuthii
4. Birua rob syllohom alonim ubymysyrtohom
5. Bythlym moth ynn ochot li velech Antidamaschon
6. Is sid dobrim thyfel- yth chylys choa them lifal
7. Yth binu ys dibburt hinn ocutnu Agorasto-
    cles
8. Ith emanethi hy chyr saely choc syth naso : Bynni
9. Id chi llu hily gubulim lasibit thym
10. Body aly thera ynnynnu ysl ym moncor lu sim.

1. את עלינים ועלינות זכרתי שמקום זאת
2. כי אם לקחון את ישתאל מדבריהם חשקי
3. לפרקנת את בן אחי ידידי ובנותי
4. ברוח רב שלהם עלינים ובמשרתהם
5. בטרם מות הן אחות לי ולך אנתידמסכון
6. איש זד דברים תפל- ות חליץ כח תם לפעל
7. את בנו יש הבורת הנה אחותנו אגרסטקלס
8. את אמנתי היא כיר שאלי חק זאת נשוא : בינני
9. עד כי לו אלה גבולים לשבת תם

10. עבדי עלי תרע הננו אשאל אם
מנכר לו שם

1. Superos superasque celebro hujus loci,
2. Ut, ubi abstulerunt prosperitatem meam, impleatur jussu eorum desiderium meum
3. Servandi filium fratris mei è manu prædonum et filias meas
4. Virtute magnâ quæ diis et imperio eorum.
5. Antè mortem *ecce* amicitia mihi tecum, o Antidama
6. Vir contemnens loquentes fatua, strenuus robore, integer in agendo :
7. Filium ejus fama hìc cognatum nostrum Agorastoclem :
8. Fædus meum, imaginem numinis mei, pro more fero; indicavit
9. Testis, quòd hæ regiones ei ad habitandum ibi.
10. Servi ad januam : ecce huuc interrogabo, num cognitum ei sit nomen.

Gesenius, à l'exemple de Clerc, a cru que chaque vers est coupé, à l'instar de ceux des Arabes et des autres peuples sémitiques, en deux hémistiches rimant entre eux. Cette malheureuse préoccupation l'a forcé à porter à la fin du huitième vers le mot *bynni* qui, dans toutes les éditions, commence le neuvième, ce qui prouve qu'elle n'est pas fondée, et cependant c'est elle qui a commandé les modifications apportées au texte, et, par conséquent, l'interprétation : le texte et le sens ont donc été torturés pour s'accommoder à cette vue préconçue. Nous aurons plusieurs fois occasion de constater ce résultat dans l'examen analytique auquel nous allons nous livrer.

V. 1. — Gesenius fait remarquer avec raison que, dans la leçon de Bochart, l'attribution de la puissance verbale à la particule נא répugne à la syntaxe hébraïque. Mais, en la rejetant complétement, n'a-t-il pas, de son côté, donné à la phrase un tour peu naturel et trop lâche pour le début d'une invocation? La partie latine, il est vrai, présente aussi ce tour indirect; mais cela prouverait qu'elle n'a été faite qu'après coup, soit par Plaute lui-même, soit par quelque autre auteur. Ce défaut d'élan ne peut qu'être l'effet des entraves d'une traduction, et plusieurs autres considérations pourraient fortifier cette opinion. Maintes fois, dans le reste de la pièce, Hannon s'adresse aux dieux, et il ne dit jamais *oro deos*; il s'écrie : *Proh dii!* Or, en hébreu, on trouve une interjection équivalente dans la particule אנא ou אנה, si souvent employée au commencement des prières : אנה יהוה אנא יהיה, et en se rappelant qu'en phénicien, comme Gesenius l'a reconnu, le *hé* terminal était souvent converti en *thau*, ce qui ferait ici אנת, n'a-t-on pas une analogie complète? On peu donc traduire comme il suit :

אנת עליונים ועליונות שקרת סמכם זאת
Proh! dii atque deæ qui urbem tuentur hanc!

On peut ainsi renoncer au verbe זכרתי, qui ne laissait pas de causer quelque embarras à Gesenius.

Quant à סמכם, vous remarquerez, Monsieur, que je persiste à considérer le *mem* suffixe comme la lettre adformante de la troisième personne plurielle, ainsi que je l'ai déjà fait dans mon *Essai sur la langue phénicienne*. Ce passage me semble une confirmation de mon opinion : toutefois, si on ne la partageait point, on pourrait, sans modifier le sens, lire סמכון, puisque plusieurs éditions portent *smacon* au lieu de *smacom*.

V. 2. — « Locus omnium difficillimus, dit Gese-
« nius, in quo neque superiores interpretes mihi
« satisfecerunt, neque ipse mihi satisfacio. » Cet aveu m'a longtemps fait reculer ; cependant, après de mûres réflexions, il m'a semblé que si l'on a jusqu'à présent obtenu si peu de succès, c'est parce qu'on ne s'est point assez pénétré des rapports qui existent entre la partie punique et la contre-partie latine; ainsi, l'on a négligé le mot *ritè*, qui se trouve dans celle-ci, et là peut-être s'est rencontrée la pierre d'achoppement. En remontant à l'origine de cet adverbe, on en aurait trouvé l'équivalent dans le vers punique, et aussitôt le sens se serait dégagé, il se serait manifesté avec autant de simplicité que de précision. « *Ritè*, dit Castel Vetro
« (Op. ver. crit.), non s'origina da *ratus*, come si
« credono alcuni, altrimenti *ri* sarebbe brieve,
« come è in *irritus* composto da *in* e da *ratus*. E
« *ritus* significa non *usanza*, come si crede, ma
« *editto*, e *diterminazione* procedente dalla parola di
« Dio o da uomo che abbia potesta di legare et

3.

« d'obligare gli altri a far cosi. E'adunque la voce
« greca Ρητὸν cioè *il detto*, e per eccellenza quel,
« che per essere approvato de Dio, e da' superiori,
« o dal Popolo, non si dee, ne si può tralasciare. »
D'après cette judicieuse observation, *ritè*, dans le
second vers latin, correspondrait à la formule
אלמדברים, qu'il est facile de lire dans le texte carthaginois, et qui équivaut elle-même à אלפי, que
l'on trouve dans la Bible. Le vers entier se rendrait
donc de la manière suivante :

כי מלאכי תם ומצא אלמדברים חשקי
Utinàm missio mea compleatur et obtingat ritè desiderium
meum.

V. 3. — Je n'ai pu trouver le dérivé פורקנת qui
commence ce vers dans la leçon de Bochart, et
que Gesenius a conservé en éliminant seulement
le *vau*. Au surplus, le sens que lui donne le dernier
(*servandi* è manu prædonum) ne serait point exact;
car, pour ce malheureux père, il ne s'agit plus de
préserver ses enfants d'un enlèvement depuis longtemps consommé. Vous aurez d'ailleurs probablement remarqué, Monsieur, que dans la traduction,
le savant interprète a mis, comme Bochart, *è manu
prædonum*, tandis que dans le commentaire il
s'exprime ainsi : « Hoc posterius esse possit יד עדי
« *manus prædæ* (Bochart), sed deesset מן ad hanc
« sententiam necessarium, cui accedit, quod in

« hebraismo עֲדִי *ornatum*, עַד *prædam* significat.
« Cum Bellermanno igitur scribere malo *iadedi*
« ידידי *dilectum meum.* » Telle est, en effet, sa leçon
dans la transcription hébraïque. Cette contradiction, si je ne m'abuse, n'est point fortuite; elle résulte de la force des choses : le sens, aussi bien que l'interprétation latine de Plaute, veulent qu'on parle du rapt qui appelle Hannon à Calydon; cette nécessité ressort du sujet avec tant de force, que, pour y satisfaire, Plaute a consenti à une répétition, oiseuse au fond, mais indispensable pour achever le vers :

> Measque ut gnatas et mei fratris filium
> Reperire me siritis : Dî vostram fidem !
> Quæ mihi surreptæ sunt, et fratris filium.

Gesenius n'a donc pu, dans la partie en quelque sorte ostensible de sa traduction, échapper à cette exigence; il a ainsi désavoué lui-même et son texte hébraïque et son commentaire.

Cependant, au point de vue purement exégétique, sa critique de עֲדִי וד est évidemment juste. Il faut donc trouver une autre locution pour rendre la phrase de Plaute *quæ mihi surreptæ sunt;* cette équivalence se trouve dans la répétition du mot עַד à l'état construit, répétition si familière aux idiomes orientaux et si énergique dans sa simplicité, soit qu'elle consiste à redoubler, à proprement parler, la même expression, ou à réunir des expressions semblables.

Voici donc la leçon que je propose :

לפה קנות בנותי עדעד ובן אחי

Ad hìc redimendas gnatas meas, prædam infandam, et filium fratris mei.

On trouve לקנות, *ad acquirendum*, dans Amos, 8, 6, et עד שלל, analogue à עדעד, *præda prædæ*, dans Isaïe, 33, 22.

V. 4. — Aucun changement, aucune observation.

V. 5. — Gesenius dit de la leçon de Bochart en ce point : « חנות אותי הלך, *diversari apud me* « *solebat*, mihi benè hebræa non esse videntur. « Itaque litteras in codicibus traditas *Innmoctothuu-* « *lech* ità repono : *Inn ochoth li ulech*, i. e. הנה אחות לי ולך *ecce fraternitas mihi et tibi.* »

Je souscris sans observation au jugement porté sur la version de Bochart; mais je ne suis point complètement édifié sur celle qu'on propose de lui substituer, car rien, entre autres réflexions, ne me paraît justifier la préposition *ecce*. Je lirai donc à mon tour :

בטרם מות ינוך אות לי ולך אנתידמס כון

Antequàm mors oppressisset te, fædus mihi et tecum, Antidamas, firmatum.

V. 6. — Ici encore Gesenius commence par condamner Bochart, et il le fait en termes plus formels : « In hoc versu interpretando procul à vero « abesse videntur Bochartus et Bellermannus, quo- « rum uterque turgidam mortis descriptionem ver- « bis contineri putat, in quam sententiam vulgò « etiam verba latina *eum fecisse aiunt quod sibi* « *faciendum fuit* interpretatur. Mihi hoc versu viri « defuncti probitas, integritas atque in agendo stre- « nuitas describi videtur. »

Cette dernière manière de voir me semble moins admissible que celle de Bochart, car cet écrivain a eu certainement raison de chercher à rendre le vers latin de Plaute, et il n'y a aucun doute qu'il ne s'y agisse de la mort d'Antidamas; on en trouve la confirmation dans le passage suivant de la seconde scène, où le verbe *facere* est employé dans le même sens :

Han. Patrem aque matrem viverent vellem tibi!
Ag. An mortui sunt? *Han.* Factum.

Mais, ce qui est condamné par la simplicité des expressions de Plaute, c'est la forme dont Bochart ainsi que Bellermann ont revêtu cette pensée. Comment donc a-t-on pu ne point reconnaître le rapport, en quelque sorte matériel, qui existe entre *Tifel... Liful*, d'une part, et *Fecisse... Faciundum*, de l'autre? N'est-ce pas avoir fermé les yeux à la lumière? n'est-il pas évident qu'il y a là une correspondance qui conduit directement à l'interprétation? Pour moi, permettez-moi, Monsieur, de le dire, je me suis cramponné à cette indication, et voici, en conséquence, la leçon que je propose :

אישי דברים תפעל את־כי לאיש חוה תם לפעל
Aïunt te fecisse ipsum, quùm homini vita consumpta est, faciendum.

V. 7. — Comme dans les cas précédents, je trouve ici la critique de Bochart toute faite par son savant émule : « In Bocharti hujus versûs « analysi plura sunt quæ displiceant; ac primùm, « אמיץ דבור esset quidem *strenuus sermone*, at « minimè *fama constans* : dein נקוט נוה, *capere* « *habitationem* indè *sedem figere*, locutio est facti- « cia, ex linguæ usu non probanda, quod etiam « Bellarmanno opponendum est, qui versum ita « scribit : את בן אמיץ דברו תם נקוט נוה, *filium* « (illius viri) *strenui dicunt hîc fixisse sedem*, cui « accedit quòd chald. תם est *ibi* non *hîc*. Mihi satis « certum videtur *isdibur* esse יש דבור *est sermo*, s. « *fama*, undè colligo pro *uthbynim* legendum « esse *ythbynu*, את בנו, *filium ejus*. In *thinn* la- « tere potest הנה *hîc*, ת litterâ fortassè jungendâ « cum *Dibbur* (*Dibburt*) : in *ocuthnu* החותנו pr. « *fraternitas, cognatio nostra*, pro concreto *frater* « *cognatus noster* (ut Angl. *a relation of mine*).

« Quæ tamen postrema minùs certa videntur. »

Cet aveu pourrait me dispenser de tout commentaire; cependant, je crois devoir ajouter aux considérations purement philologiques qui l'ont dicté, cette autre observation, qu'Hannon ne sait pas encore, ne se doute pas qu'Agorastocle est son neveu; qu'on ne comprend point, par conséquent, pourquoi il lui donne le titre de *cognatus noster*. D'ailleurs, rien ne justifie cet exposant du pluriel *noster*, puisque partout ailleurs, en parlant de soi, Hannon emploie le pronom singulier. Ce n'est donc pas à tort que Gesenius a montré lui-même peu de confiance dans cette partie de sa traduction.

Mais le commencement du vers est plus satisfaisant, et sans doute il resterait peu de chose à faire, si l'on reprenait et si l'on combinait quelques-unes des données fournies par Bochart et repoussées, sans motifs suffisants, par son critique, נוה, par exemple, et תם, en traduisant le dernier terme par *ibi* pour éviter toute objection. On aurait donc :

את־בנו יש דבר תם הניח את־נוה אגרסטקלס
Filium ejus est fama ibi collocasse sedem, Agorastoclem.

V. 8. — Je crois pouvoir présenter, sans commentaire, la leçon suivante :

את־אמנתי חרשה לחוק זאת נשוא
Fidem meam insculptam, pro statuto, eccam afferens.

V. 9. — Rien à dire sur ce vers, que Bochart et Gesenius s'accordent à rendre de la même manière.

V. 10. — « Bochart a bien interprété, dit Ge-
« senius, la seconde partie de ce vers; mais, à
« l'égard de la première, ses efforts ont été mal-
« heureux. »

Malgré cette réprobation et l'accent de quasi-assurance avec lequel l'auteur moderne présente sa propre version, je ne pense pas qu'on puisse admettre celle-ci. Je ne m'arrêterai pas à l'aphérèse de בד pour עבד, qui plaît tant, vous le savez, à notre archéologue; mais je demanderai s'il est bien conforme aux convenances historiques et théâtrales de supposer que rien, ni dans les manières, ni dans le vêtement, ne distinguait Agorastocle de Milphion, et s'il est supposable qu'Hannon ait pu les prendre l'un et l'autre pour des esclaves? Il ne ne vous aura pas, en outre, échappé, Monsieur, que הננו, avec deux *nun*, signifierait *ecce nos* et non *ecce eum*.

Ainsi, je crois qu'il faut maintenir l'interprétation de Bochart, sauf quelques légères modifications : il ne me semble pas nécessaire, par exemple, de rendre, d'une manière inusitée, די par *quis*; on peut, si je ne m'abuse, lui laisser la désignation relative en le rapportant au pronom démonstratif *eum : ecce eum qui egreditur,* etc., ce qui est conforme, sauf l'inversion, à la leçon latine de Plaute. En second lieu, quelques manuscrits portant *theraym*, je suis porté à préférer cette forme à *therain* qui a été la source des erreurs commises en cet endroit. Je lirai donc :

בוא די עלי תרעים הנו אשאל אם מנכר לו שם
Venit qui ad fores, ecce eum percontabor num cognitum ei nomen.

En conséquence de tout ce qui précède, je rétablirais comme il suit les dix premiers vers de l'invocation d'Hannon :

Anit alonim valonut siqorat simakom zit,
Ki melaki tum umisti alm'debarim isqi,
Li pho qanet binuti adad, ubin achi,
Birua rob silohom alonim ubimisirtohom!
Bitherim mot inok, at li velek, Antidamas, kon :
Isi dobrim tiphel it ki lis choa tum liphul.
It binu is dibur tim binoch it nu Agorastocles.
It emaneti chirsa lichoq zit naso.
It ki lu ili gubulim lasibit tim.
Bo di ali teraim innu isl im monkor lu sim.

SCÈNE II.

La seconde scène, qui consiste dans un dialogue entre Agorastocle, Milphion et Hannon, contient plusieurs phrases puniques : mais ici l'intelligence n'en est point aidée, comme dans la scène précédente, par la propre interprétation du poëte, et rarement, ainsi que le fait observer Gesenius, on en découvre le sens dans les passages plus ou moins éloignés. Toutefois on a une ressource d'une autre espèce, et qui ne laisse pas d'être précieuse, dans l'explication que Milphion tire de la ressemblance des sons phéniciens qu'il entend avec ceux de quelques mots latins. Les efforts doivent tendre à reproduire cette similitude de sons au moyen des mots phéniciens dont le sens s'applique le mieux à la situation. L'essai de Gesenius, dans cette voie, mérite seul d'être cité : je ne crois pas pouvoir me dispenser de le replacer sous vos yeux.

30. M. Vin' appellem hunc Punicè?
    A. An scis? M. Nullus est me hodiè Pænus Punior.
    A. Adi atque appella, quid velit, quid venerit,
        qui sit, quojatis, undè sit : ne parseris.
    M. *Avo*
        חוו   ! quojates estis? aut quo ex oppido?
        salvete

35. H. *Hanno Muthumballe bechaedre anech.*

        חנון מתובעל בקרתא אנך

    Hanno Muthumbalis ex Carthagine ego.

    A. Quid ait? M. Hannonem sese ait Carthagine,
        Carthaginensem Muthumbalis filium.
    H. *Vo*   ! M. Salutat. H. *donni*
        חוו   אדני   M. *doni* volt tibi
        Salve   mi domine
        dare hinc nescio quid? audin. Pollicerier?

40. A. Saluta hunc rursùs Punicè verbis meis.
    M. *Avo donni*
        חוו אדני , hic mihi tibi inquit verbis suis.
        Salve, domine

H. *Mi bar bocca?*
מִי בַר בְקִי M. Istuc tibi sit potius quàm mihi.
quo ex oppido?
A. Quid ait? M. *Miseram* esse prædicat *buccam* sibi.
   fortasse medicos nos esse arbitrarier.
45. A. Si ità est, nega esse : nolo ego errare hospitem.
  M.   Audi tu, *rufen nu lo, is tam!*
    רפאין אנו לא איש תם   A. Sic volo,
  medici nos non (sumus), vir bone!
  profectò vera cuncta huic expedirier.
  Roga, numquid opus sit. M. Tu, qui zonam non habes,
  quid in hanc venistis urbem, aut quid quæritis?
50. H. *Muphursa.* A. quid ait? H. *Mure lech ianna* A.
  מפרשה   מורה לך יענה Quid
  explicationem.   Doctor tibi explicabit. venit?
  M. Non audis? *mures Africanos* prædicat
   in pompam ludis dare se velle ædilibus.
  H. *Laech lachananim li menuchot*
   לך לחננים לי מנוחות   A. Quid
  abi ad misericordes, mihi quies sit. nunc ait?
  M. *Ligulas, canalis,* ait se advexisse et *nuces* :
55.   nunc orat, operam ut des sibi, ut ea veneant.
  A. Mercator credo est. H. Is *amar hinam.*
    איש אמר חנם A. Quid est?
    Vir loquitur frustrà.
  H.   *Palu me rega datham*
   פלוא מה רקח דעתם   A. Milphio,
  mirum, quàm inanis cognitio eorum. quid nunc ait?
  M. *Palas* vendundas sibi ait, et *mergas datas,*
  ut hortum fodiat : atque ut frumentum metat.
60. Ad messim credo missus hic quidem tuam.
  A. Quid istuc ad me? M. Certiorem te esse volui,
  ne quid clam furtive accepisse censeas.
  H. *Muphonnium sucorahim*
   מפניהם שקרתהם M. Heu! cave si feceris,
  removebo mendacia eorum

quod hic te orat. A. Quid ait, aut quid orat? Expedi
65. M. *Sub cratim* uti jubeas sese *supponi*, atque eo
lapides *imponi* multos, ut sese neces.
H.   *Gunebel balsamen ierasan!*
            גאון נבל בעלשמים ירסן } A. Narra,
         petulantiam scurræ deus cœlorum capistret! } quid est?
    quid ait? M. Non herclè nunc quidem quicquam scio.
H. At tu scias nunc, dehinc latinè jam loquar.
    Servom herclè te esse oportet et nequam et malum,
    Hominem peregrinum advenam qui irrideas!

Je n'ai, vous vous y attendez probablement, Monsieur, aucune observation à faire jusqu'aux vers 42 et 43. Mais ici je ne puis passer outre. Gesenius met *Mi bar bocca, quo ex oppido*, tandis que Plaute a rendu le son par *misera bucca* : ce son ne se retrouve pas complétement dans la leçon de Gesenius. D'un autre côté, la question qu'il met dans la bouche d'Hannon est-elle bien naturelle dans la préoccupation de ce personnage? Ne le détourne-t-elle pas de son but, contré toute vraisemblance? Je pense qu'on doit lire de préférence : מוזר בוא כה, *miser bó ca, peregrinus veniens hùc*, ce qui est conforme à la situation et correspond littéralement à la locution *peregrinum* ADVENAM qu'on trouve plus loin, au vers 71. מוזר se rencontre dans ce verset du psaume 69 : מוזר הייתי לאחי *peregrinus factus sum*, etc.

V. 46. — Le pluriel masculin *rufen*, proposé dans ce cas par Gesenius, ferait exception à la forme sous laquelle ce nombre se présente dans le reste de la pièce; le manuscrit de Rome portant *rufeen*, n'est-il pas plus judicieux de penser que c'est une altération de *rufeim*?

V. 50. — *Muphursa*, rendu par *explicationem*, n'aurait pas, ce me semble, beaucoup de sel. Ne peut-on pas supposer qu'Hannon, indigné du persifflage de Milphion, répond ironiquement à son tour, lorsqu'on lui demande ce qu'il est venu chercher dans cette ville : *Le port*, מפרץ? A quoi bon en effet une réponse sérieuse, puisqu'elle devait être travestie par l'impudent interprète? Aussi, un peu après, lorsque Agorastocle s'enquiert de ce qu'il a dit, il s'empresse d'ajouter : *Le docteur vous l'apprendra.* C'est le premier degré de son mécontentement, dont nous allons suivre la rapide progression.

V. 54. — Ce passage a grandement embarrassé les commentateurs, du moins pour la première partie, car la seconde, *li minuchot*, me paraît à l'abri de toute controverse. Le texte de la première proposition présente plusieurs variantes ; voici celles qui sont citées par Gesenius.

  Ex. Heidelb. — *Laleh clahcananam ;*
    Rom. — *Laech lachananim ;*
    Lips. — *Lalech lach ann m ;*
  Ed. Princ. — *Lalech labcana ni.*

Saumaise, dans une note rapportée par Gronovius, dit : *Lalech lib canani.*

Gesenius adopte, avec Bellermann et Tychsen,

la leçon de l'ancien manuscrit de Rome, et, de même aussi que ces deux auteurs, il pense qu'il s'agit d'une formule d'imprécation qui se retrouve contractée au vers 33 de la scène suivante, *Lachanam*, mais il n'accepte pas leur version et il propose celle-ci : לך לחננים, *abi ad misericordes !* « Chana-« nim, ajoute-t-il, *misericordes* videntur dii appellati, « de quibus verbo חנן persæpè utuntur Pœni, neque « ineptum est eum ad deorum misericordiam dele-« gari quem humanâ ope carere jubemus. » J'avoue en toute humilité que je ne suis point touché de cette considération, et je m'étonne qu'on ait été si loin chercher un sens douteux, quand on pouvait en trouver un si bien approprié à la circonstance dans le texte littéral de l'édition princeps, *Lalech lab chanani*, c'est-à-dire, *non tibi cor commiserans mei*, לאלך לב חונני. Cette exclamation découle de la déclaration faite plus haut : *Peregrinus advena ; je vous ai dit que je suis étranger, que j'arrive d'un pays lointain, et vous vous jouez de moi ! Votre cœur reste fermé à la commisération !* C'était là, dans les mœurs de l'antiquité, une conduite impie, car il est dit, dans le psaume 146, v. 9, que Dieu même prend les étrangers sous sa protection. Aussi cette pensée se reproduit-elle lorsque Hannon éclate et qu'il s'exprime en latin :

Servom herclè te oportet esse et nequam et malum,
Hominem peregrinum atque advenam qui irrideas !

Peut-être n'est-il pas trop téméraire de penser

que la condition d'étranger étant alors le motif par excellence, en quelque sorte, de la sympathie et de la pitié, le mot hébreu מוזר a donné naissance au terme latin *miser* qui, par une extension dont les langues fournissent de fréquents exemples, est devenu le qualificatif de tout sujet de compassion, du malheur en général.

V. 57. — Gesenius dit, au sujet de sa leçon *Palu me rega datho* ou *datham* : « In singulis nihil diffi-
« cultatis est, præterquam in voce רקה, quæ latinè
« *rga* scripta est, ex singulari pœnorum pronun-
« ciandi ratione, quâ ק et כ sæpe molliùs effe-
« runt, etc. »

On lèverait peut-être cette difficulté en rapportant *rega* à la racine רגע *abundat : mirum, quàm abundat cognitio ejus!* ce qui serait une antiphrase ironique faisant en même temps allusion à la multiplicité des explications successivement données par Milphion, et à leur inanité. Mais, à mon tour, je ne propose cette modification qu'avec une grande hésitation ; votre jugement décidera de sa valeur.

V. 63. — En rendant *Muphonnium sucorahim* par מפניהם שקריהם, Gesenius donne deux sons différents à la même terminaison הם : il s'appuie avec raison pour le premier mot sur l'exemple de *Syllohom*, שלהם, sc. 1, v. h. Mais, pour justifier l'autre, il se fonde sur une leçon du second vers de la première scène, que je crois avoir prouvé être inexacte, savoir : מדבריהם, et à laquelle j'ai substitué מדברים. Cette dernière analogie n'existe donc point réellement; au contraire, dans toute la pièce, la terminaison *im* est l'exposant du pluriel masculin. Il ne me semble pas nécessaire de changer ici cette signification, et je crois qu'il est plus rationnel de considérer *sucorahim* comme un simple pluriel, de même qu'au vers 4 de la 1re scène, *alonim* précédé de *silohom*.

SCÈNE III.

La troisième scène ne contient que deux passages puniques: l'un, *Lachanan vos,* et, selon Gesenius, *Lachanam*, dont j'ai déjà parlé, et sur lequel je reviendrai bientôt; l'autre, comprenant les vers 22 et 23, au sujet desquels notre auteur s'exprime ainsi : « Ex quo equidem nihil efficio, et propterea
« judicare non possum, an rectè Milphio punica
« interpretatus fuerit, in quam sententiam inclinare
« possit qui viderit latinam interpretationem mi-
« nimè, ut plerùmque, solos sonos verborum pu-
« nicorum captare et in ridiculum vertere. Post-
« quàm enim Giddeneme, mulier Carthaginensis
« (puellarum nutrix) Hannonem pristinum herum
« agnovit atque gaudium de opportuno ejus adventu
« significavit, servorum punicorum unus mulierem
« popularem ità compellat :

« Haudones illi havon bene si illi in mustine,

« cui mulier respondet :

« Me ipsi et eneste dum et alamna cestinum.

« Tùm Agorastocles :

« Quid illi locuti sunt inter se? dic mihi.

« Milphion :

« Matrem salutat hic suam, hæc autem hunc filium.

« Bellermannus, qui Milphionis interpretationem
« ficticiam censet, hæc ità solvit redditque :

> Puer. Pietate commotus est dominus meus, quòd deus meus donavit has filias, non morti tradidit.
> Gidd. Quis præter me (beatus?) Lamentum silebit! in æternum gaudebimus beati.

« Quæ magnam partem ità ferri non posse, neque
« eam habere significationem quam ei tribuit B,
« mecum facilè intelligent litterarum hebraicarum
« periti (vide præ cœteris מות תנה *morti tradidit*,
« מי אפסי עוד cujus formulæ Jes. 47, 8, 10. Zeph.
« 2, 15 longè diversus est usus, אנוש *lamentum?*
« תמים *beati?*) : meliora tamen neque ab alio quo-
« quam in medium prolapsa video neque mihi ipsi
« dare post omnes curas et cogitationes contigit.
« Haud scio igitur an ista liby-phænicia potius quàm
« verè punica sit, pariter atque sc. I, v. 11-16, de
« quorum interpretatione poenè desperandum sit. »

J'ose espérer, Monsieur, que vous ne regarderez point comme une témérité de ma part, de ne souscrire ni à cette dernière hypothèse, ni à ce désespoir. L'édition de Jansson présente une variante qui n'est point rapportée par Gesenius, et qui me paraît jeter un grand jour sur le sens du premier des deux vers dont il s'agit; cette édition porte *Hanum* au lieu d'*Havon;* j'en conclus que c'est le nom même du Carthaginois qui se trouve là un peu altéré, et en adoptant, d'un autre côté, pour le premier mot, *Haudoni,* conformément à l'exemplaire de Leipzig, au lieu de *Haudone,* je crois qu'on peut arriver à une explication plausible par la transcription suivante :

PUER.

הוא אדני ש לחנן בנות הצליח אין משחתן

22. *Haudoni si li Hanon binuth hisilih in mushtine.*
Ipse deus meus qui Hannoni filias fecit pervenire sine stupro.

GIDDENEME.

מי אפסי עוד הנם את־דם בתולים נאץ אתנן

23. *Me ipsi ad enes at dum bethulim nas etinan.*
Quis præter me hucusquè fecit effugere cruentationem virginitatis, spernens mercedem amplam?

Quant à *Lachanam,* vous vous rappelez, Monsieur, que Gesenius y voit une imprécation consistant dans la contraction de *Lachananim,* qu'il lit au vers 53 de la seconde scène, et qu'il traduit ainsi : *ad misericordes!* Ayant déjà combattu la proposition principale, je ne puis en ce moment accepter le corollaire, d'ailleurs forcé, qu'on voudrait y ajouter.

Saumaise, cité dans l'édition de Gronovius, émet

sur cette locution l'opinion suivante : « Punica hæc
« sunt et in duas voces dividenda, *La Chanan* vos,
« et *chanan* pro *chañaan*, לא הנען ; non vos, in-
« quit, in chanan patriam vestram, sed hìc jam de-
« trudam ad molas Pœni. in Africâ Chananæi atque
« ita etiam ibi se vocari volebant, qui ex Chana-
« næâ oriundi quæ Græcis φοινίκη. Græci enim tàm
« Phænices Syriæ quàm Africæ, qui eorum coloni,
« φοίνικας appellabant, Romani hos Pœnos ex Græco
« vocabulo φοινίκης. Verùm ipsi, ut dixi, ne in Africâ
« quidem se vocabant *Phænices* aut Pœnos, sed
« *Chananæos*... ipsa quoque regio *Chanaan* voca-
« batur. Puto itaque huic versui nomen Pœni pro-
« ponendum esse, non Milphionis. »

Cette opinion a trop peu de vraisemblance pour
qu'on y adhère; rien ne donne à penser qu'Hannon
ait l'intention de ne plus retourner à Carthage, sa
patrie, et de se fixer à Calydon. Mais Saumaise a
eu raison de lire, suivant l'exemplaire de Leipzig,
Lachanan; cette leçon fournit, ainsi que celle du
53ᵉ vers de la seconde scène, un sens littéral aussi
naturel que simple. Agorastocle commande à Milphion de rentrer, de préparer un repas pour son
oncle et d'emmener avec lui les esclaves de ce dernier; alors Milphion, esclave lui-même, qui s'est
plaint au commencement de la pièce des mauvais
traitements qu'il subit, se dispose à user durement
à son tour de l'autorité passagère qui vient de lui
échoir; cette tendance, on le sait, n'est que trop

commune dans le cœur des opprimés. Milphion tranche donc du maître, et il s'écrie, en s'adressant aux serviteurs d'Hannon : לא חנן, *pas de pitié! marchez! Je vais vous faire piler le blé et tourner les meules.*

C'est là le dernier mot punique de la pièce, il clôt la troisième scène du cinquième acte. Or, cette circonstance conduit à examiner si véritablement Milphion comprenait et parlait le carthaginois, ainsi qu'il l'a déclaré au commencement de la deuxième scène du même acte. La plupart des commentateurs le nient; cependant le début du dialogue ne peut que porter à le croire. D'un autre côté, au vers 46, il s'exprime lui-même en phénicien, et enfin ici, au moment de se retirer, il semble jeter malicieusement ce mot pour lever toute incertitude dans l'esprit des auditeurs.

Mais il y a, ce me semble, à ce sujet, une difficulté plus grande à résoudre. Milphion dit textuellement, quelques vers au-dessus de ceux rapportés par Gesenius : « Je vais les aborder en leur parlant « carthaginois; s'ils me répondent, je continuerai « à parler carthaginois; sinon, je conformerai mon « langage à leur conduite. » Or, c'est à peu près l'inverse qui s'établit : Milphion interroge en latin, Hannon répond en carthaginois. Peut-on admettre qu'Agorastocle, qui paraît animé d'une curiosité et d'un intérêt si vifs, se laisse ainsi jouer? Ne pourrait-il pas au moins, dans ce cas, faire lui-même les questions pressées qu'il charge Milphion d'adresser, et ne réclamer de lui que l'interprétation des réponses? Et, d'un autre côté, si l'esclave suppose qu'Hannon comprend les questions exprimées en latin, comment peut-il penser qu'il ne s'aperçoit pas du travestissement de ses réponses? Comment peut-il lui dire avec dépit, lorsque cette manœuvre est découverte :

At herclè te hominem et sycophantam, et subdolum,
Qui hùc venisti nos captatum Migdilybs,
Bisulcilingua, quasi proserpens bestia.

Il y a là un ensemble de contradictions et d'invraisemblances qu'il répugne d'imputer à Plaute. Faut-il croire que toutes les questions de Milphion étaient primitivement écrites en punique, et que plus tard seulement elles ont été, comme l'invocation, reproduites en latin? Comment, dans cette hypothèse, n'en resterait-il de trace qu'au 46ᵉ vers? Ces questions resteront probablement insolubles. Quant à celles que soulève la nouvelle traduction que je propose, j'en soumets, Monsieur, l'appréciation à votre goût et à vos connaissances, désirant vivement qu'elles ne vous inspirent point cette terrible exclamation : LACHANAN!

Agréez, etc.

Paris, 10 mars 1843.

IIIᵉ LETTRE.

Sur une médaille punique récemment trouvée à Constantine

Monsieur,

Vous m'avez donné, il y a quelques mois, une médaille en plomb d'origine punique récemment trouvée, avec beaucoup d'autres du même métal et du même type, à Constantine, l'ancienne *Cirta* des Numides. Cette médaille porte, au droit, une tête barbue et laurée regardant à gauche, et, au revers, un cheval pareillement dirigé à gauche, sous le ventre duquel on lit, en caractères puniques, un *mem* semblable au n° 9 de Gesenius, page 36 de son *Monumenta*, etc., et un *caph* semblable au n° 12 du même auteur, page 33.

Cette courte légende, sur la lecture de laquelle il ne me paraît devoir s'élever aucun doute, offre, si je ne me trompe, quelque intérêt; elle apporte une lumière nouvelle sur l'étymologie, et partant sur la signification du nom punique de l'ancienne capitale de la Numidie, chef-lieu aujourd'hui de l'une de nos divisions militaires. Je m'empresse de vous soumettre le résultat de mes réflexions à cet égard.

Jusqu'à présent on s'est unanimement accordé à regarder le nom *Cirta* ou *Cirtha* comme provenant du mot punique *cartha, ville* : « Cirta vel
« Cirtha, ut habet Mela, dit S. Bochart (Chan. L. 1,
« c. 24), Punicè קרתא, *Cartha,* id est civitas. Vo-
« cem à Pœnis acceptam Numidœ detorserunt. »

« *Cirta,* répète en dernier lieu Gesenius, caput
« Mauritaniæ, קרת, *urbs.* »

Ainsi, à l'imitation de Rome, cette orgueilleuse cité se serait posée sur son rocher nu comme la ville par excellence! Les médailles récemment trouvées dans son sein viennent, grâce à la légende dont il s'agit, l'absoudre de cette ridicule prétention.

En effet, des deux lettres qui composent cette légende, la première est le *mem* préfixe, le *mem* indiquant l'origine, l'extraction, qui se trouve sur plusieurs monuments analogues devant le nom de la ville d'où la monnaie provient. Le *caph* qui le suit ici est donc l'initiale du nom de la ville. Or suivant l'étymologie admise, ce devrait être un *qoph*. Cette étymologie est donc authentiquement démentie, il en faut chercher une autre.

Nous la découvrons sans peine dans la racine כרת, *couper, tailler,* qui a servi à former les noms *Cerethæi, Crethim,* que l'on rencontre fréquemment dans l'Écriture Sainte, dit Bochart, et *Creta,* l'île de Crète, ainsi appelée, selon Hiller, du mot phénicien כרתה, *abscisa.* On voit de suite avec quelle justesse cette dénomination s'applique à Constantine, située, comme on le sait, sur un rocher coupé, taillé à pic. C'est ainsi que nous trouvons dans la nomenclature de notre géographie moderne, *Pierre-cise*, *Roche-taillée*, qui, sous des termes équivalents, reproduisent la même image; c'est ainsi encore qu'Excideuil se nommait en latin *Excisum* (*V.* F. K. L. Sickler, Handb. der Alt. geogr. I, 93).

Si cette opinion est adoptée, vous aurez acquis, Monsieur, un nouveau titre à ma reconnaissance pour m'avoir, avec un rare désintéressement, donné un exemplaire de ces médailles inédites, dont la révélation n'aurait certainement point échappé à votre sagacité, si, oubliant un moment les travaux d'une bien autre importance qui occupaient alors vos savantes et heureuses veilles, vous aviez voulu vous en réserver l'étude.

Agréez, etc.

Paris, 4 avril 1843.